BERGER · GUTE NACHRICHTEN
SCHLECHTE NACHRICHTEN

RECLAM
Bibliothek

BELLETRISTIK

John Berger

GUTE NACHRICHTEN
SCHLECHTE NACHRICHTEN

Fünf Essays

1989 – 1992

Reclam-Verlag Leipzig

Aus dem Englischen
Übersetzung von Reinhard Kaiser, Uwe Nonnenmacher, Jörg Trobitius

ISBN 3-379-01455-9

Alle wurden erstmals in der Frankfurter Rundschau veröffentlicht.

Reclam-Bibliothek Band 1455
1. Auflage, 1992
Umschlaggestaltung: Friederike Pondelik unter Verwendung eines Fotos von Karin Wieckhorst
Printed in Germany
Satz: Maxim Gorki-Druck GmbH, Altenburg
Reproduktion: Grafische Kunstanstalt Helmut Schneider Leipzig
Druck und Binden: Ebner Ulm
Gesetzt aus Garamond-Antiqua

EIN STELLDICHEIN – MIT WEM?

Der europäische Augenblick: Rückkehr des Ausgegrenzten

Die Fotos kommen aus Warschau, Leipzig, Budapest, Bratislava, Riga, Sofia. Jede Nation hat bei den Massendemonstrationen ihre besondere Art, Schulter an Schulter zu stehen. Doch was mich an diesen Fotos vor allem interessiert, ist etwas Unsichtbares.

Wie die meisten Augenblicke großen Glücks waren die jüngsten Vorgänge in Osteuropa unvorhersehbar. Aber ist Glück überhaupt das richtige Wort, um die Gefühlsregung zu bezeichnen, die im letzten Winter Millionen von Menschen erfaßt hat? War da nicht etwas Ernsteres im Spiel als Glück?

So unvorhersehbar, wie diese Ereignisse waren, ist jetzt die Zukunft. Wäre es da nicht angezeigt, von Besorgnis, Verwirrung, Erleichterung zu sprechen? Warum auf Glück beharren? Die Gesichter auf den Fotos blicken gespannt drein, angestrengt, nachdenklich. Allerdings gehört zum Glück nicht notwendigerweise auch Lächeln. Glück stellt sich ein, wenn Menschen sich ganz dem gelebten Augenblick überlassen können, wenn Sein und Werden das gleiche sind.

Während ich dies schreibe, fällt mir ein, wie ich vor zwanzig Jahren mit dem Zug von Prag abgereist bin. Mir kam es so vor, als verließe ich eine Stadt mit Häusern aus lauter schwarzen Steinen. Ich höre noch die Worte eines Studentenführers, der zurückblieb und der bei einer Ansprache vor der letzten Versammlung gesagt hatte: »Welche Pläne hat meine Generation für dieses Jahr 1969? An einem politischen Denken festhalten, das sich dem Stalinismus in allen seinen Formen widersetzt und sich dennoch nicht bloßen Träumen hingibt. Die Utopie der Neuen Linken zurückweisen, denn mit solchen Träumen könnten wir uns begraben lassen. Unsere Beziehungen zu den Gewerkschaften irgendwie aufrechterhalten und Voraussetzungen schaffen für ein anderes Modell des Sozialismus. Vielleicht benötigen wir dazu ein Jahr, vielleicht zehn ...«

Heute ist dieser Studentenführer in den mittleren Jahren. Und der Parlamentspräsident seines Landes heißt Dubček.

Viele nennen das, was da vor sich geht, eine Revolution. Politischer Druck von unten hat einen Machtwechsel zur Folge gehabt. Staaten werden umgestaltet – ökonomisch, politisch, rechtlich. Regierende Eliten werden aus dem Amt gejagt. Was braucht es mehr zu einer Revolution? Nichts. Und dennoch unterscheidet sich diese Revolution von allen anderen Revolutionen der Neuzeit.

Zum einen deshalb, weil die Herrschaftselite (außer im Falle Rumänien) sich nicht gewehrt, sondern abgedankt oder den Rückzug angetreten hat, obwohl die Revolutionäre unbewaffnet waren. Und zum anderen, weil diese Revolution ohne utopische Illusionen gemacht wurde. Schritt für Schritt und mit dem Bewußtsein, daß Eile nottut, aber ohne den verhängnisvollen, klassischen Ruf: VORWÄRTS!

Statt dessen Hoffnung auf eine Rückkehr. In die Vergangenheit, in eine Zeit vor allen bisherigen

Revolutionen? Unmöglich. Und es sind nur kleine Minderheiten, die das Unmögliche verlangen. Dies sind spontane Massendemonstrationen. Menschen aus allen Generationen, in dicke Mäntel gehüllt gegen die Kälte, mit ernsten, glücklichen Gesichtern geben sich ein Stelldichein. Mit wem?

Bevor wir antworten, müssen wir uns fragen, was denn da eigentlich zu Ende gegangen ist. Die Mauer in Berlin, das Einparteiensystem, in vielen Ländern die Kommunistische Partei, die Besetzung durch die Rote Armee, der kalte Krieg? Etwas anderes, das älter ist als dies und weniger leicht zu benennen, ist ebenfalls zu Ende gegangen. Es fehlt nicht an Stimmen, die uns sagen, worum es sich handelt: Die Geschichte! Die Ideologie! Der Sozialismus! Solche Antworten sind wenig überzeugend, denn sie entspringen dem Wunschdenken. Dennoch: etwas Großes ist zu Ende gegangen.

Gelegentlich scheint sich die Geschichte an seltsame mathematische Regelmäßigkeiten zu halten. In das letzte Jahr fiel – darauf ist oft genug hingewiesen worden – der zweihundertste Jahrestag der Französischen Revolution, die zwar nicht die erste Revolution der Neuzeit war, wohl aber zum klassischen Modell aller anderen neuzeitlichen Revolutionen wurde. 1789 bis 1989. Man braucht diese Jahreszahlen nur niederzuschreiben, und schon stellt sich die Frage, ob sie eine Epoche eingrenzen. Ist es dies, was zu Ende gegangen ist? Und wenn es sich so verhält, was machte diesen Zeitraum zu einer Epoche? Worin bestand seine historische Eigentümlichkeit?

Im Laufe dieser beiden Jahrhunderte wurde die Welt in einem nie dagewesenen Maßstab »geöffnet«, »geeint«, modernisiert, erschaffen, zerstört und umgestaltet. Die Energie für diese Umgestaltung erzeugt der Kapitalismus. Es war die Zeit, in der der Eigennutz nicht mehr die tägliche Versuchung der Menschen war, sondern selbst heroische Züge annahm. Aber viele widersetzten sich dieser neuen prometheischen Kraft und beriefen sich dabei auf den Gemeinnutz, die Vernunft, die Gerechtigkeit. Allerdings gab es auch Überzeugungen, die den Prometheern und ihren Gegnern gemeinsam waren. Auf beiden Seiten glaubte man an den Fortschritt, an die Wissenschaft, an eine neue Zukunft des Menschen. Der einzelne hatte seine besonderen, persönlichen Überzeugungen (ein Grund dafür, daß so viele Romane geschrieben werden konnten), aber in ihrer *Praxis,* ihrem Umgang mit der Welt, ihren Beziehungen zueinander waren sie alle von Systemen geprägt, die auf einer ausschließlich materialistischen Deutung des Lebens beruhten.

Der Kapitalismus folgte den Lehren seiner Philosophen – Adam Smith, David Ricardo, Herbert Spencer – und organisierte eine Praxis, in der nur materialistische Gesichtspunkte und Wertvorstellungen zählten. Das Spirituelle wurde auf diese Weise an den Rand gedrängt, es wurde marginalisiert; die Verbote und Vorbehalte, die von ihm ausgingen, wurden unter Berufung auf den Vorrang der ökonomischen Gesetze für unzulässig erklärt, und diesen ökonomischen Gesetzen verlieh man die Autorität von Naturgesetzen (die sie bis heute bewahrt haben).

Die offizielle Religion wurde zum Traum- und Fluchttheater. Den realen Auswirkungen kehrte sie den Rücken zu und segnete vor allem die Mächtigen. Und angesichts der »schöpferischen Zerstörung« durch den Kapitalismus – wie Joseph Schumpeter, einer seiner großen Theoretiker, es genannt hat –, entwickelte sich die moderne Rhetorik der bürgerlichen Politik zu einer Staffage, die die gnadenlose Logik der zugrunde liegenden Praxis nur verdeckte.

Die sozialistische Opposition ließ sich durch Rhetorik und Heuchelei nicht täuschen und beharrte auf der Praxis. Dieses Beharren macht das Genie eines Karl Marx aus. Durch nichts ließ er sich ablenken. Schicht für Schicht legte er die Praxis frei, bis sie ein für allemal enthüllt war. Das bestürzende Ausmaß der Offenbarung verlieh dem historischen Materialismus eine prophetische Autorität. Hier war das Geheimnis der Geschichte und all ihrer Leiden gelüftet! Alles in der Welt konnte jetzt auf einer materiellen, der menschlichen Vernunft zugänglichen Grundlage erklärt (und gelöst!) werden. Der Egoismus selbst würde sich schließlich überleben.

Die menschliche Phantasie indessen läßt sich nur schwer in die strengen Grenzen einer materialistischen Praxis und Philosophie zwängen. Wie ein Hund in seinem Korb träumt sie von Hasen in freier Wildbahn. Und so hat das Spirituelle während dieser beiden Jahrhunderte überdauert, allerdings in marginalisierten, neuen Formen.

Man denke etwa an Giacomo Leopardi, der in eben jenem Jahr geboren wurde, in dem unsere Epoche beginnt. Er wurde der bedeutendste italienische Dichter der neueren Zeit. Als Kind seiner Zeit war er ein Rationalist des Bestehenden und studierte das Universum als Materialist. Und dennoch, die Traurigkeit und der Stoizismus, mit denen er das Universum hinnahm, wuchsen in seiner Dichtung schließlich über die

Grenzen dieses Universums hinaus. Je nachdrücklicher er auf der materialistischen Wirklichkeit, die ihn umgab, beharrte, desto transzendenter wurde seine Melancholie.

In ähnlicher Weise versuchten Menschen, die keine Dichter waren, dem Materialismus, der ihre Epoche beherrschte, Ausnahmen anzubringen. Sie schufen Enklaven des »Jenseits«, Freiräume für etwas, das sich den materialistischen Erklärungen nicht fügte. Diese Enklaven waren wie Verstecke und oft hielten die Menschen sie geheim, suchten sie nur nachts auf, dachten mit angehaltenem Atem an sie. Zuweilen verwandelten sich diese Enklaven in Schaubühnen des Wahnsinns. Zuweilen wurden sie wie Gärten mit Mauern umstellt.

Die Formen von »Jenseits«, die sie enthielten, die hier aufbewahrt wurden, waren je nach Zeit, sozialer Schicht, persönlicher Vorliebe und Mode sehr verschieden. Romantik, Neogotik, Vegetarismus, Rudolf Steiner, l'art pour l'art, die Theosophie, der Sport, die Freikörperkultur ... Jede Bewegung bewahrte für ihre Anhänger Bruchstücke des Spirituellen auf, das aus der Welt verbannt war.

Die Frage des Faschismus läßt sich an diesem Punkt natürlich nicht umgehen. Er leistete das gleiche. Niemand sollte glauben, das Böse besitze keine spirituelle Kraft. Einer der Hauptirrtümer der letzten beiden Jahrhunderte betraf gerade das Böse. Die philosophischen Materialisten hatten die Kategorie des Bösen aus ihrem Denken verbannt, und die Rhetoriker der bestehenden Verhältnisse identifizierten das Böse mit dem marxistischen Materialismus! Auf diese Weise eröffnete sich dem, was Kierkegaard zu Recht das

Geplapper des Teufels genannt hat, ein weites Feld, jenem Geplapper, das eine verhängnisvolle Scheidewand zwischen dem Namen und dem Ding, zwischen der Handlung und ihrer Folge errichtet.

Doch die originellste unter den marginalisierten spirituellen Formen dieser Epoche war der transzendente und dennoch säkulare Glaube derer, die gegen die Habgier der Reichen für soziale Gerechtigkeit kämpften. Dieser Kampf reicht vom Club des Cordeliers während der Französischen Revolution über die Matrosen von Kronstadt bis hin zu meinen studentischen Freunden an der Prager Universität. Ihm schlossen sich Angehörige aller Gesellschaftsklassen an, analphabetische Bauern ebenso wie Professoren der Etymologie. Ihr Glaube war insofern stumm, als ihm eine rituelle Proklamation fehlte. Seine Spiritualität war implizit, nicht explizit. Er brachte wahrscheinlich mehr Akte der freiwilligen Selbstaufopferung, des Edelmuts hervor (ein Wort, vor dem manche wohl zurückgeschreckt wären) als jede andere historische Bewegung dieser Zeit. Die Erklärungen und Strategien der Männer und Frauen, die sich in ihm engagierten, waren materialistisch; aber ihre Hoffnungen und die unverhoffte Ruhe, die sie zuweilen in ihren Herzen entdeckten, waren die von transzendenten Visionären.

Wer sagt, wie es oft geschieht, der Kommunismus sei eine Religion gewesen, hat nichts verstanden. Entscheidend war die Vorstellung, daß die materiellen Kräfte in der Welt für Millionen von Menschen – auf eine Weise, wie es noch nie zuvor der Fall gewesen war – ein Versprechen *universeller* Erlösung enthielten. Nietzsche hatte verkündet, Gott sei tot, aber diese Millionen glaubten zu spüren, daß er sich in der Geschichte versteckt hielt und daß den Seelen wieder

Flügel wachsen könnten, wenn sie alle gemeinsam die Bürde der materiellen Welt auf sich nahmen. Ihr Glaube wies der Menschheit einen Weg durch die Finsternis des Planeten.

Aber in ihren soziopolitischen Analysen war kein Platz für einen solchen Glauben, und deshalb behandelten sie ihn wie ein illegitimes, aber geliebtes Kind, das nie einen Namen bekam. Und hier begann die Tragik. Da ihr Glaube keinen Namen hatte, war er leicht zu vereinnahmen. Im Namen ihrer Entschlossenheit und ihrer Solidarität rechtfertigten die Parteiapparate die ersten Verbrechen und dann die Verbrechen zur Vertuschung anderer Verbrechen, bis schließlich aller Glaube zerronnen war.

Manchmal bringt das Fernsehen mit seiner Direktheit eine Art elektronischer Gleichnisse zustande. Berlin zum Beispiel – an dem Tag, als die Mauer geöffnet wurde. Rostropowitsch spielt Cello an der Mauer, die keinen Schatten mehr wirft, und eine Million Ostberliner drängen in den Westen, um mit einem Taschengeld, das sie sich bei den westdeutschen Banken abholen, einkaufen zu gehen! In diesem Augenblick erkannte die ganze Welt, wie der Materialismus seine erschreckende historische Gewalt verloren und zum Einkaufszettel geschrumpft war!

Aber wo es Einkaufszettel gibt, da gibt es auch Konsumenten. Und deshalb glaubt der Kapitalismus, er habe die Welt erobert. Bruchstücke der Berliner Mauer werden jetzt in der ganzen Welt verkauft. 40 Mark für ein großes Stück von der Westseite, 10 Mark für ein Stück von der Ostseite. Im letzten

Monat eröffnete das erste McDonalds in Moskau, letztes Jahr das erste Kentucky Fried Chicken am Platz des Himmlischen Friedens. Die multinationalen Unternehmen sind weltumspannend geworden, sie sind mächtiger als jeder einzelne Nationalstaat. Die freie Marktwirtschaft soll nun überall errichtet werden.

Aber wenn die materialistische Philosophie der letzten beiden Jahrhunderte am Ende ist, was wird dann aus der *materialistischen Phantasie,* von der der Konsumismus und infolgedessen auch der weltumspannende Kapitalismus nun vollkommen abhängig sind?

Das Marketing greift unterbrechend und gliedernd genauso regelmäßig und systematisch in unser Leben ein, wie es der Gebetszyklus in einem Priesterseminar tut. Es verklärt das Produkt oder die Verpackung, die erkauft werden soll, verleiht ihm eine Aura und einen Glanz, die eine Art zeitweiliger Immunität gegen Leiden, eine Art provisorischer Erlösung verheißen – und der Akt, durch den man solchen Heils teilhaftig wird, ist immer der gleiche: der Kauf. So wird jede Ware zur Verkörperung eines Traums. Aber noch wichtiger ist: die Phantasie selbst wird habsüchtig und akzeptiert das Glaubensbekenntnis, das Ivan Broesky den Absolventen der Business School von Berkeley mit auf den Weg gab: »Ich glaube, Habgier ist gesund. Man kann habgierig sein und sich trotzdem sehr wohl in seiner Haut fühlen.«

Dem bedeutenden Wirtschaftshistoriker Immanuel Wallerstein zufolge geht es der Mehrheit der menschlichen Rasse wahrscheinlich heute schlechter als vor fünfhundert Jahren.

Die Armut unseres Jahrhunderts unterscheidet sich von der früherer Jahrhunderte. Sie ist nicht, wie es früher der Fall war, ein Resultat natürlicher Knappheit, sondern die Folge einer Reihe von Prioritäten, die die Reichen der ganzen übrigen Welt aufgezwungen haben. Infolgedessen finden die modernen Armen auch kein Mitleid – außer bei einzelnen –, sondern werden als menschlicher Müll abgeschrieben. Die Konsumentenökonomie des 20. Jahrhunderts hat erstmals eine Kultur hervorgebracht, die sich durch einen Bettler an nichts erinnert fühlt.

Die meisten Kommentare zu den Ereignissen in Osteuropa betonen die Rückkehr zu Religion und Nationalismus. Diese Tendenz ist Teil einer weltweit sich abzeichnenden Entwicklung, aber das Wort Rückkehr ist vielleicht irreführend. Denn die religiösen Organisationen, um die es hier geht, sind nicht die gleichen wie früher, und die Menschen, die diese »Rückkehr« vollziehen, leben mit ihren Transistorempfängern im ausgehenden 20. und nicht im 18. Jahrhundert.

In Lateinamerika zum Beispiel ist es ein Flügel der katholischen Kirche, der (sehr zum Unbehagen des Papstes) heute den revolutionären Kampf für soziale Gerechtigkeit führt und denen, die als historischer Müll behandelt werden, Mittel zum Überleben bietet. In weiten Teilen des Nahen Ostens ist die wachsende Anziehungskraft des Islams nicht zu trennen von dem sozialen Gewissen, mit dem er den Armen oder (im Falle der Palästinenser) den Landlosen und Vertriebenen mehr Gerechtigkeit verspricht – gegen den unbarmherzigen Wirtschafts- und Militärapparat des Westens.

Im Wiederaufkeimen der Nationalismen tritt eine ähnliche Tendenz zutage. Unabhängigkeitsbewegungen erheben stets ökonomische und territoriale Ansprüche, aber ihre erste Forderung ist spiritueller Art. Die Iren, die Basken, die Korsen, die Kurden, die Bewohner der Provinz Kosovo, die Aserbaidshaner, die Puertoricaner, die Letten ... sie haben kulturell und historisch wenig gemeinsam, aber sie alle wollen sich von weit entfernten, fremden Machtzentren frei machen, deren Seelenlosigkeit sie im Zuge eines langen, schmerzlichen Prozesses erfahren haben.

Für alle Nationalismen haben Namen eine ungeheure Bedeutung: von der immateriellsten und originellsten Erfindung des Menschen geht für sie eine tiefe Beunruhigung aus. Wer Namen als etwas Nebensächliches abtut, ist nie vertrieben worden; aber die Völker an den Peripherien werden ständig vertrieben. Deshalb bestehen sie so sehr auf der Anerkennung ihrer Identität, beharren auf ihrer Kontinuität – der Verbindung mit den eigenen Toten und den Ungeborenen.

Wenn die »Rückkehr« zur Religion zum Teil auch ein Protest gegen die Herzlosigkeit der materialistischen Systeme ist, dann ist die Auferstehung des Nationalismus zum Teil auch ein Protest gegen die Anonymität dieser Systeme, gegen die von ihnen betriebene Reduktion aller Dinge und aller Menschen auf statistische, ersetzbare, vergängliche Größen.

Demokratie ist eine politische Forderung. Aber sie ist mehr als das. Sie ist eine moralische Forderung nach dem individuellen Recht, darüber zu entscheiden, aufgrund welcher Maßstäbe ein Handeln richtig oder falsch genannt werden soll. Die Demokratie erwuchs aus dem Prinzip des Gewissens. Nicht, wie es uns die freie Marktwirtschaft heute glauben machen will, aus dem Prinzip der freien Wahl, das – sofern es sich überhaupt um ein solches handelt – jedenfalls ein ziemlich triviales Prinzip ist.

Das marginalisierte, abgedrängte Spirituelle fängt an, das verlorene Terrain zurückzufordern. Dies spielt sich vor allem in den Köpfen der Menschen ab. Das alte Denken, der alte *common sense,* selbst die alten Formen von Mut wurden preisgegeben, und unvertraute, seit langem an die Peripherien verbannte Erkenntnisse und Hoffnungen kehren zurück und erheben Anspruch auf das, was ihnen zukommt. An diesem Punkt beginnt das Glück in den Gesichtern auf den Fotos. Aber hier endet es nicht.

Eine Wiedervereinigung hat stattgefunden. Jene, die getrennt waren – getrennt durch Grenzen und durch Jahrhunderte –, versammeln sich. Während der ganzen Epoche, die jetzt zu Ende geht, wurde die Bürde des Alltags immerzu mit dem Versprechen einer strahlenden Zukunft gerechtfertigt. Mit dem Versprechen des neuen kommunistischen Menschen, dem die Lebenden ohne Unterlaß geopfert wurden. Mit dem Versprechen der Wissenschaft, Unwissenheit und Vorurteil immer weiter zurückzudrängen. Und neuerdings mit dem Versprechen der Kreditkarten, Glück sei jederzeit käuflich.

Dieses exzessive Verlangen nach einer strahlenden Zukunft trennte die Gegenwart von allen Epochen und allen Erfahrungen der Vergangenheit. Der Abstand zu denen, die vor uns gelebt hatten, war größer als je zuvor in der Geschichte. Unendlich weit waren ihre Leben von der einzigartigen Ausnahme der Gegenwart entfernt. So hat das »Zukunftsversprechen« der Geschichte den Lebenden zweihundert Jahre lang eine Einsamkeit ohnegleichen beschert.

Heute treffen sich die Lebenden wieder mit den Toten, auch mit denen, die schon sehr lange tot sind, und teilen mit ihnen Schmerz und Hoffnung. Und seltsamerweise trägt auch dies zu dem Glück hinter den Mienen und den Fotos bei.

Wie lange kann dieser Augenblick währen? Alle erdenklichen Gefahren der Geschichte liegen auf der Lauer ... Intoleranz, Fanatismus, Rassismus. Die gewaltigen ökonomischen Schwierigkeiten des alltäglichen Überlebens soll – der Theorie nach – die freie Marktwirtschaft lösen. Aber die freie Marktwirtschaft birgt die Gefahr einer neuen Geldgier in sich, einer Gefräßigkeit, die dem Gesetz des Dschungels zum Durchbruch verhelfen könnte. Noch ist allerdings nichts entschieden. Die Seele und der Spekulant sind aus ihren Verstecken aufgetaucht. Zerrissenheit bleibt die Grundbedingung unseres Daseins.

Allen unbeantworteten Fragen zum Trotz beharre ich auf dem ernsthaften Glück, das in diesen Fotos festgehalten ist. Nie hätte ich erwartet, ein solches Glück je zu erleben, ein Glück, das die Hoffnung unseres an seiner einzigartigen Erfahrung so schwer tragenden Jahrhunderts in sich birgt.

DIE NICHT HÖREN WOLLEN

Auf meinem Schreibtisch steht ein Foto von Jean Mohr: Es wurde vor ein paar Jahren aufgenommen und zeigt einen irakischen Soldaten als Kriegsgefangenen in Iran. Diesem Soldaten war gerade durch Vertreter des Internationalen Roten Kreuzes mitgeteilt worden, daß er in seine Heimat, den Irak, zurückkehren könne. In seinem bärtigen Gesicht war eine Traurigkeit zu sehen, die man mit Worten nicht beschreiben kann – eine Traurigkeit, die noch tiefer saß als die Angst um das eigene Leben, und diese Angst war groß, sollte er doch nach Bagdad zurückkehren als Soldat, der sich dem Feind ergeben hatte!

Letzte Woche erhielt ich einen Anruf von meiner Freundin Sylvia Grant aus Rochdale im englischen Nordwesten. Sie erzählte mir, daß man im städtischen Krankenhaus von Rochdale Zimmer frei gemacht habe, um im Golfkrieg verletzte Soldaten aufnehmen zu können. Viele der sogenannten »Wüstenratten« in Kuwait waren junge Männer aus dieser entlegenen Ecke Großbritanniens, wo jeder zweite Schulabgänger keine Arbeit findet. Hoffentlich, dachte ich, bleiben die Krankenhausbetten von Rochdale leer.

Nach Sylvias Anruf fielen mir ein paar Zeilen des berühmten palästinensischen Dichters Mamoud Darweesh ein:

Sollten wir uns nicht anderen Aufgaben widmen / Als Gräber zu graben / Und neue Lobeshymnen zu dichten /

Damit sie nicht genauso klingen wie die / Die wir gerade geschrieben haben? / Wie klein diese Blumen sind / Und wie tief all das Blut.

Ich habe nie davon geträumt, General oder Politiker zu werden. Von diesen beiden Berufsgruppen respektiere ich eher die Generäle, denn sie sehen zumindest hin und wieder Blut. Ich bin kein Pazifist, sondern Realist. Ich habe nicht vor, hier eine geopolitische und historische Diskussion über Krieg und Frieden anzufangen, eine solche Diskussion wäre im Moment zu abgehoben. Es gibt jedoch eine Lüge – die zentrale Lüge dieses Krieges –, der man unbedingt entgegentreten muß.

Diese Lüge besteht in der Behauptung, der Golfkrieg habe aus denselben Gründen geführt werden müssen wie der Krieg gegen Hitler und den Faschismus im Jahr 1939. Es gibt auf der ganzen Welt keinen einzigen Dichter, der diesem Vergleich zustimmen würde, und zwar aus dem einfachen Grund, weil niemand wirklich und von Herzen davon überzeugt ist, daß dieser Vergleich zutrifft.

Ausgedacht hatten sich diesen Vergleich dieselben Politiker, die drei Jahre zuvor ihren »Hitler« beschützt und ihm Waffen verkauft hatten. Als Saddam Hussein kurdische Dörfer mit Gas angriff, sprach sich George Bush im amerikanischen Kongreß gegen eine Kürzung der Hilfe für den Irak aus. Was hatte sich verändert, woher nahmen dieselben Politiker mit einem Mal ihre historischen Weisheiten und ihre ungespielte Empörung? Um nicht selbst die Dummen zu sein, mußten sie nun die Öffentlichkeit für dumm verkaufen, denn ihr Plan war auf den Haß der Menschen angewiesen. Und um aus dem Nichts eine Welle des Hasses zu erzeugen, muß man immer lügen.

Die Fotografen amerikanischer Zeitungen trimmten den Schnurrbart Saddam Husseins, damit er dem Hitlers ähnelte! Wegen solcher Kunstgriffe wurden in Bagdad Zehntausende von Zivilisten physisch und psychisch verstümmelt, in das verwandelt, was von offizieller Seite »collateral damage« (»kriegsbedingte Begleitschäden«) genannt worden ist.

Es gab verschiedene andere Möglichkeiten, Kuwait zu befreien und Saddam Hussein in die Schranken zu weisen. Das weiß jede Regierung der Welt, die nicht auf der Gehaltsliste Amerikas steht. Das Deutschland der dreißiger Jahre war seit einem halben Jahrhundert eine hochindustrialisierte Weltmacht; der Irak war ein kleines Land der Dritten Welt, das bis ins zwanzigste Jahrhundert hinein kolonialisiert war; schwer bewaffnet war der Irak nur, weil die Europäer ihn ausgerüstet hatten.

Nichtsdestotrotz beschloß George Bush – und zwar im Herbst vergangenen Jahres –, daß die Operation gegen Saddam Hussein genau nach seinen Vorstellungen verlaufen müsse, damit der Mittlere Osten und die Ölquellen im nächsten Jahrtausend von den Vereinigten Staaten kontrolliert würden. Der von Bush beschrittene Weg war von astronomischen Bestechungsgeldern, einem unglaublichen Tempo, modernster Technologie und jener großen moralischen Autorität, die bekanntlich immer mit systematischer Taubheit einhergeht, gekennzeichnet. Wenn man irgendeinem Volk der Erde etwas befiehlt, dieses Volk aber nicht gehorchen will, ist Taubheit sowohl eine Angriffs- als auch eine Abwehrwaffe.

Goya hat einmal ein Bild gemalt, auf dem die Tauben während einem von ihnen inszenierten Massaker tanzen, weil sie nur die Musik in ihren großen Köpfen hören, nicht aber die Schreie der Opfer. Von Shakespeare und Aristophanes wissen wir, daß sich die Mächtigen schon immer gern taub gestellt haben, damit die Bittsteller vor ihrem Thron niederknieten.

Manchmal ist die Taubheit aber nicht nur gestellt, sondern wird zu einem Dauerzustand: Die Mächtigen schlafen dann ruhiger. In dem am 16. Januar vom Weißen Haus veröffentlichten ersten Golfkriegs-Kommuniqué hieß es, George Bush habe eine ruhige Nacht verbracht.

Was den Mittleren Osten betrifft, setzte die Taubheit Washingtons jedoch schon vor Jahrzehnten ein. Die mächtigen Amerikas waren taub, als die palästinensische Nation, die ihr Land verloren hatte, sich zu Wort meldete. Wären die Palästinenser damals erhört worden, niemand hätte Saddam Hussein später geglaubt, er streite für die Ehre ganz Arabiens. Die Mächtigen Amerikas waren taub, als das iranische Volk aufbegehrte, ein Volk, das vom Schah, einer US-Marionette, und seiner Geheimpolizei unterdrückt wurde. Wären die Iraner damals erhört worden, hätte es später nicht den geringsten Anlaß gegeben, den Irak gegen den Iran zu bewaffnen.

Vor noch nicht so langer Zeit, 1988, waren die Mächtigen Amerikas taub, als Arafat formell das Existenzrecht des Staates Israel anerkannte. Wäre Arafat erhört worden, hätte die PLO keinen Grund gehabt, sich auf die Seite Saddam Husseins zu stellen.

Seit Beginn der Krise waren die Mächtigen Amerikas auch taub gegenüber den bitteren Erfahrungen der arabischen Völker, ihren Leiden, ihrem traditionellen Stolz. Aus diesem Grunde konnten die Amerikaner nicht verstehen, was die arabischen Völker dazu brachte, aus der trotzigen Haltung eines erbarmungslosen Tyrannen Hoffnung zu schöpfen – eine Hoffnung, die zum festen Bestandteil des arabischen Glaubens werden könnte, dann nämlich, wenn Saddam Hussein zum Märtyrer gemacht wird.

Wie der Krieg enden würde, war von Anfang an klar. Die Tauben würden siegen. Zwischen ihrer Taubheit und den hochtechnisierten Waffen, die ihnen in atemberaubender Geschwindigkeit zum Sieg verholfen haben, gibt es sogar einen Zusammenhang: Sowohl die Taubheit als auch die Waffen operierten als nichtmenschliche Kriegsmittel aus der Distanz.

Was nicht von Anfang an klar war, war, daß 42 Divisionen der irakischen Armee besiegt und gleichzeitig nur weniger als hundert Amerikaner ihr Leben lassen würden. Glücklicherweise sind die Krankenhausbetten in Rochdale leer geblieben. Gott sei Dank ist der Krieg zu Ende. Ist aber der spektakuläre Sieg der Taubheit ein Grund zum Feiern?

Dank der internationalen Medien wurde die Taubheit potenziert. Ein Gebrechen wurde über den Äther als Botschaft hinaus in die Welt geschickt. Eine Weigerung oder Unfähigkeit zu hören, eine pathologische Stille, wurde so zu einer Aussage, einer Ermahnung, einer Art Wortgewandtheit. Das hätte selbst Goya nicht für möglich gehalten.

In jedem Krieg – ob gerecht oder ungerecht – ist die Information über militärische Vorgänge der Zensur unterworfen. Und die Massenmedien mit ihrem Heißhunger auf Bilder und Worte verstärken zwangsläufig diese Zensur. Daß in den Medien dieselben

Standpunkte ein ums andere Mal wiederholt wurden, hat die verordneten Einschränkungen offenbar gemacht, eine Tatsache, die, in begrenztem Umfang, zu Protesten der Öffentlichkeit führte. Und doch kam die weitverbreitete Taubheit nicht daher, daß man nicht zu hören bekam, was man noch nicht wußte, sondern daher, daß man sich weigerte, zu hören, was man bereits sehr genau wußte!

Machen wir ein einfaches Beispiel. Auf dem Bildschirm hoben die B-52-Bomber ab, um ihren soundsovielten Angriff auf Bagdad und Basra zu fliegen. Da weder die Amerikaner noch Saddam Hussein daran interessiert waren, die Zahlen der Opfer zuzugeben, konnte man kaum wissen, wie viele Tote es in diesen beiden Städten schon gegeben hatte. Die Tatsache, daß bereits vorliegende Fakten verschwiegen wurden, kennzeichnet die erste Stufe der Taubheit.

Vier- oder fünfmal am Tag wurde den Fernsehzuschauern eine Lektion erteilt, in der sie lernen sollten, die Stimme ihres Gedächtnisses, die Stimme ihres Gewissens und die Stimme ihrer Phantasie nicht mehr zu hören. Die Menschen sollten taub werden für diese Stimmen, die herausschreien könnten, daß die B 52, die ja in Vietnam schon massiv zum Einsatz gekommen waren, dabei sind, auf der ganzen Welt zu einem Symbol für die Schrecken des Krieges zu werden; sie sollten taub werden für Stimmen, die herausbrüllen könnten, daß die auf irakische Vorstädte niedergegangenen Bombenteppiche (was immer deren angebliches Ziel war) ein Schritt in Richtung Völkermord sind; sie sollten taub werden für Stimmen, die immer wieder daran erinnern könnten, daß jede der Splitterbomben, die auf irakische Städte abgeworfen wurden, aus 24 Granaten bestand, von denen jede einzelne bei der Explosion in 2000 hochgefährliche Metallsplitter zerbarst, daß es sich bei dieser Bombe um eine Waffe handelt, die gebaut wurde, um ein Maximum an unheilbaren Wunden zu verursachen; sie sollten taub werden für Stimmen, die daran erinnern könnten, daß die islamische Kultur zum Menschheitstraum von Gerechtigkeit und Vernunft wahrscheinlich genausoviel beigetragen hat wie das Christentum.

Nach den ersten 24 Stunden des Luftkrieges gegen den Irak wurde in einem US-Kommuniqué stolz verkündet, die Tonnage der auf Irak abgeworfenen Bomben habe bereits die Sprengkraft der in Hiroshima abgeworfenen Atombombe überschritten. Wer eine solche Erklärung abgibt, ist taub für das Wort Hiroshima, es hat für ihn nicht dieselbe Bedeutung wie für die meisten auf dieser Erde lebenden Menschen.

Wer sich die englische Bezeichnung »body bag« (»Leichensack«, inzwischen ersetzt durch »human remains pouch«, zu Deutsch etwa »Beutel für menschliche Überreste«) ausgedacht hat, ist taub für den Schmerz der Mütter, die durch den Krieg ihre Söhne verlieren. Dieser Schmerz ist so alt wie die Geschichte der Kriege.

Die Taubheit wurde offensichtlich, als die Verantwortlichen nur noch solche menschliche Stimmen zu hören bereit waren, die »Desert Storm« priesen, nicht aber jene, die Schmerz oder Widerspruch zum Ausdruck brachten. Schon die Bezeichnung »Desert Storm« selbst ist Ausdruck eben dieser Taubheit.

Gibt es, nun da der Krieg zu Ende ist, irgendwelche Anzeichen dafür, daß die Sieger in Zukunft besser hinhören werden? Ich bin versucht zu glauben, daß sie ihr Gehör erst in ferner Zukunft, nämlich am Tag ihres eigenen Untergangs, wiederfinden werden. Ich denke, wenn ich dies sage, an die Mächtigen, und nicht an die, für die die Leichensäcke angeschafft wurden.

Die Taubheit der Macht, soviel steht fest, ist der Ursprung aller terroristischen Bewegungen. Wenn verbale Appelle immer und immer wieder vorgetragen werden, aber kein Gehör finden, bleibt nur noch die Sprache der Gewalt. Nach einer gewissen Zeit sind dann die Terroristen, die irgendwann den Worten der anderen Seite keinen Glauben mehr schenken, ebenso taub wie die Mächtigen.

Die Masse der Menschen in der Dritten Welt hat Saddam Hussein unterstützt. Auch diese Menschen sahen in ihm den Killer, sie sahen aber gleichzeitig in ihm einen Mann, der sich bewaffnet einem tauben, fremdländischen und noch gierigeren Riesen entgegenstellt. Die meisten Einwohner der Vereinigten Staaten sind nicht taub. Die meisten Einwohner der Vereinigten Staaten hören gerne zu. Doch – und das ist der Widerspruch, der ihrer Demokratie und vielleicht auch ihrer Verfassung immanent ist – die wenigen, die die Außenpolitik des Landes bestimmen, die wenigen, die sich berufen fühlen, die Welt nach den von ihnen definierten Interessen der Vereinigten Staaten zu ordnen und zu kontrollieren, diese Wächter einer immensen und weitverzweigten Macht, hören *nicht* zu. Sie haben sich, konsequent, dafür entschieden, taub zu sein. Die Folgen dieser Taubheit, wir haben es gerade miterlebt, sind effizient und tödlich.

Im letzten Jahr erhielt ich eine Einladung der Universität Chicago. Ich sollte im Rahmen der »Albert-Pick-Tage« 1991 als Gastdozent einen Vortrag über Weltpolitik halten. Ich fühlte mich geehrt und nahm die Einladung an. Ich bewundere die liberale Tradition dieser Universität, und der Vortrag über Weltpolitik ist eines der wichtigsten Ereignisse, die alle zwei Jahre auf dem Campus stattfinden.

Nach reiflicher Überlegung habe ich beschlossen, nicht nach Chicago zu reisen. Ich hätte dort die Möglichkeit, all das auszusprechen, was ich hier geschrieben habe, vielleicht noch mehr. Wenn ich aber in diesen Tagen in die Vereinigten Staaten fliegen würde, um zu diskutieren, zu debattieren, zu reden, Worte zu wählen und so zu tun, als ob die internationale Taubheit dieses Landes nicht zumindest teilweise für die Agonie des Mittleren Ostens verantwortlich wäre, würde ich mich mit dieser Taubheit verbünden und mich an der Verharmlosung ihres wahren Ausmaßes beteiligen.

Mögen die Amerikaner, die mit mir einer Meinung sind, dies als eine kleine Geste der Unterstützung betrachten, der Unterstützung ihres Kampfes für eine neue Stimme Amerikas. An die Künstler und Philosophen in Europa und im Mittleren Osten, die sich in einer ähnlichen Situation befinden wie ich, appelliere ich, sich meinem Beispiel anzuschließen. Es ist, heute mehr denn je zuvor, unsere oberste Pflicht, denen zuzuhören, denen niemand Gehör schenkt.

WEDER MITLEID
NOCH ERBARMUNGSLOSIGKEIT

Die dritte Woche im August

Im Jahre 1958 schrieb Nazim Hikmet, der als Kommunist in der Türkei jahrelang im Gefängnis gesessen hatte und damals als Exilant in Moskau lebte, für meinen Freund Abidine Dino, den türkischen Maler und Dichter, folgendes Gedicht:

Diese Männer Dino
mit den Händen sich klammernd an Fetzen
zerrissenen Lichts
wohin gehen sie Dino
diese Männer in der Tiefe der Dunkelheit?
Auch du und ich Dino
wir gehören zu ihnen
auch wir Dino, auch wir sahen einst
einen Himmel voller Blau.

Das Gedicht war von einem Gemälde Dinos inspiriert, das ich zwar nie gesehen habe, mir aber einigermaßen vorstellen kann. Abidine ist ein mystischer Maler, der seinerseits von Traditionen inspiriert ist, die auf die wandernden Sufis zurückgehen.

Dieses Gedicht von Nazim Hikmet geht mir heute abend durch den Sinn, nachdem ich im Fernsehen die Nachrichten gesehen habe. Wie jedermann habe ich eine Woche lang vor dem Fernseher gesessen. Heute abend durchlebten die vielen Menschen auf dem Lubjanka-Platz einen Moment, den kein einziger von ihnen jemals vergessen wird. Die Kolossalstatue von

Felix Dzierżynski vor dem berüchtigten KGB-Gebäude wurde demontiert. Bekannt unter dem Namen Eiserner Felix, war er der Gründer der Tscheka, der politischen Polizei, die zu den Vorläufern des KGB zählt. Ein Kran hob die Bronzestatue von ihrem Podest. Was das Wort Lubjanka bis heute abend bedeutete — in einem anderen Sinne jedoch für immer bedeuten wird —, hat Anna Achmatowa festgehalten. Die Statue, die waagerecht in der Luft hing, wurde langsam fortbugsiert. Sie wird sich zu anderen gesellen. Statuen und Standbilder von Lenin, Marx, Engels, Kalinin, Swerdlow fallen allenthalben. Gekippt sehen sie wie Wracks aus, wie abgeschmierte Flugzeuge. Jedoch hat sie kein Verkehrsunfall oder Luftunglück betroffen: sie waren Götzenbilder, die über die Jahre hinweg ein Opfer nach dem anderen gerechtfertigt oder verlangt haben. Daß sie waagerecht an einem Kabel hängend jetzt wie abgestürzte Flugzeuge aussehen, liegt an ihrer ästhetischen Gestaltung und Ikonographie. Von allen Monumentalskulpturen dürften wohl nur bestimmte Kreuzigungsdarstellungen in ihrer Bedeutung unbeeinträchtigt bleiben, wenn man sie waagerecht in der Luft hängen sieht. Zur Kreuzigung gehört ein Baum, der schon gefällt wurde, und der Gekreuzigte, wenn er wahrheitsgetreu gestaltet ist, war ein gedemütigter und leidender Mensch. Im Gegensatz dazu sind als Götzenbilder dienende Skulpturen auf ihre vertikale Position angewiesen.

Trotz des osteuropäischen Beispiels 1989 hat der rasante Ablauf der Ereignisse alle Welt überrascht. Nach dem Putsch (den die CIA offenkundig nicht vorhergesehen hat!) muß die neuerrungene Willenskraft der russischen Zivilgesellschaft sogar all die überrascht haben, die von ihr motiviert waren. Das Tempo in der dritten Augustwoche war nicht mehr das eines historischen Prozesses, sondern einer plötzlichen Wiedererweckung der Natur. Es glich Feuer, Wind oder sinnlichem Trieb. Nicht nur Statuen stürzten, sondern Institutionen, Zitadellen, Netzwerke, Akten, Arsenale. »Fallen müssen alle«, wie es im englischen Ammenreim heißt.

Der organische Charakter der dabei zutage getretenen Energie bestätigte sich in der unvorhergesehenen, jedoch ausschlaggebenden Teilnahme der Jugend. Was sich am Mittwoch, dem 21. August, auf dem Parlamentsplatz ereignete, war die Geburt einer Generation. Und Gorbatschow alterte über Nacht.

Triumph und Tragik Gorbatschows sind erstaunlich. Wir sehen heute, daß er – mit seinen Beratern – schon vor vielen Jahren (lange bevor er an die Macht kam) zur Einschätzung gekommen ist, daß es keine wirkliche Chance für Veränderungen im sowjetischen Staatsapparat geben könne, ehe nicht im eigenen Lande eine potentielle Zivilgesellschaft geschaffen und anderswo die sowjetischen Satelliten abgebaut wären. Daher an erster Stelle Glasnost'. Und später dann der Weg zum Roten Platz in Moskau, der in Berlin seinen Anfang nehmen sollte. Die Ironie, daß es so kommen mußte – nach dem heldenhaften Vormarsch der Roten Armee 1944 in umgekehrter Richtung –, dürfte ihm oftmals zu schaffen gemacht haben.

Seine Einschätzung erwies sich als richtig, und folglich kam es zu Ereignissen in einem Ausmaß, wie es in der Geschichte ohne Parallele ist. Nie zuvor hat sich ein derart massives Machtsystem in so kurzer Zeit mit so wenigen Opfern an Menschenleben aufgelöst. Das Gesicht Europas verwandelte sich bis zum äußersten, und doch schlief fast jeder jede Nacht in seinem normalen Bett! Das ist der Grund, weshalb ich einen Ammenreim zitiert habe.

Hans Magnus Enzensberger hat Gorbatschow ein Genie der Zurücknahme genannt, den großen Helden des Rückzugs. Er hat recht. Doch der Entwurf, die Ausführung und der Erfolg der großen Zurücknahme hingen von einer bestimmten Konstellation ab – und darin liegt die Tragik dieses Mannes.

Gorbatschow glaubte an die Möglichkeit und die Wünschbarkeit einer Reform der Kommunistischen Partei. Hätte er daran nicht geglaubt, dann wäre er niemals imstande gewesen, die nötige Macht zu erlangen, seine Genossen zu überzeugen, seine Gegner einzuschüchtern oder sich mit der visionären Kraft zu bewegen, wie er es tat. Er hätte ein Buch über politische Theorie schreiben können, doch die gewaltigen Veränderungen, die wir während der letzten fünf Jahre durchlebt haben, hätten nicht so stattgefunden, wie es der Fall war. Wahrscheinlich hätte der wirtschaftliche Zusammenbruch der UdSSR schließlich äußerst gewalttätige und verzweifelte Konfrontationen ausgelöst.

Gorbatschow hat es als ein von der Kommunistischen Partei geprägter Mann auf sich genommen, seine Partei und ihre Rolle in der Welt zu verändern. Nur eines konnte er sich nicht vorstellen: daß infolge all der anderen Veränderungen, die er herbeigeführt oder inszeniert hat, die KPdSU von einem Tag auf den anderen als illegal erklärt werden würde!

Am Ende der dritten Augustwoche tritt er vor sein Publikum, nämlich eine in die Freiheit entlassene Welt, und im selben Augenblick muß er feststellen, daß er mit leeren Händen dasteht.

Und so ist mir Hikmets Gedicht in den Sinn gekommen, denn es verweist auf ein anderes, doch ähnliches tragisches Paradoxon. Es ist ein kleines Gedicht von Postkartengröße, erfüllt von Trauer und, auf andere Weise – wie so viele Gedichte von Hikmet –, von Mitleid. Auf ein Gedicht angewandt ist das Wort Mitleid unproblematisch. Im Leben unserer modernen Zeit aber ist die Vorstellung von Mitleid suspekt geworden. Unseligerweise gilt es heute als beleidigend.

Das Gegenteil – Erbarmungslosigkeit – ist schrecklich und schlicht geblieben. Die Götzenbilder werden niedergerissen, weil sie eine Verkörperung der Erbarmungslosigkeit waren. Die Partei wird aus demselben Grund verboten. Den Erbarmungslosen bewegen keine Appelle. Und der Ikonoklasmus des jetzigen Moments ist die Rache jener, die erfahren mußten, daß Appelle hoffnungslos waren. Und doch sind am Anfang Kommunisten zu Kommunisten geworden, weil sie sich, Marx eingeschlossen, von Mitleid leiten ließen. Er hat das, was er für die Gesetze der Geschichte hielt, um die Erlösung der Bemitleidenswerten bereichert. Um nichts Geringeres. Nach und nach wurden diese Gesetze dazu benutzt, immer breitere und dogmatischere Verallgemeinerungen zu entwickeln, so daß sie schließlich zu Lügen wurden, wie es unweigerlich mit Verallgemeinerungen der Fall ist, die zum Dogma werden. Die Lebenswirklichkeit wurde durch die Niederschrift dieser Gesetze verdunkelt, und wann immer das geschieht, regiert das Böse. Der Kommunismus, dem heute der Totenschein ausgestellt wird, war zu ein und derselben Zeit eine aus Mitleid geborene glühende Hoffnung und eine erbarmungslose Praxis.

»Diese Männer ... mit den Händen sich klammernd an Fetzen zerrissenen Lichts«.

Was ist also Mitleid? Simone Veil hat es besser definiert als alle anderen, die ich kenne. Es »besteht darin, darauf zu achten, daß Menschen kein Leid zugefügt wird. Wann immer ein Mensch innerlich schreit: ›Warum tut man mir weh?‹, dann geschieht ihm ein Leid. Er täuscht sich oftmals, wenn er zu definieren versucht, worin das Leid besteht und warum und von wem es ihm zugefügt wird. Doch der Schrei selbst ist unfehlbar.«

Ich glaube nicht, daß in den russischen Städten andere Bronzestatuen an die Stelle der abgeschmierten Flugzeuge treten werden. Der Alpdruck der gnadenlos gefallenen Götzenbilder ist bereits von einem Traum ersetzt worden. Der freie Markt bringt das Recht auf Träume mit sich. Wir sind dazu da, wie es die französische Zeitschrift *Marie Claire* so einprägsam formuliert hat, wir sind dazu da, ihren Sehnsüchten Namen zu geben. Russische Sehnsüchte sind nach soviel Ungemach intensiv. Das weltweite Netz medialen Austausches scheint – im Moment treffender als jedes andere Angebot – auf viele ihrer Sehnsüchte einzugehen. Die Statuen werden durch weitaus flüchtigere Bilder ersetzt, die wie ein Leuchtschirm funktionieren, auf den ein Ausblick in die Zukunft projiziert wird. Was hinter dem Bildschirm liegt, ist widersprüchlich. Einerseits hat der Golfkrieg gezeigt, daß Politiker Grund haben, die Medien zu fürchten, oder vielmehr Grund haben, die öffentliche Reaktion auf das zu fürchten, was die Medien zeigen könnten. Satellitenübertragungen haben weltweit dem Begriff »Augenblick der Wahrheit« eine neue Bedeutung verliehen. (Wie der Augenblick auf dem Parlamentsplatz, als ein Soldat in einem Panzer der Roten Armee sich auf die Seite der unbewaffneten Menge schlug.) Andererseits hat der Golfkrieg gezeigt (wie auch die Ereignisse in Rumänien voriges Jahr), daß sich ein Lügenszenario für die Medien schreiben läßt, die damit sogleich auf Sendung gehen und es an Aufregung, Kommentar, Analyse usw. nicht fehlen lassen – als handele es sich um die Wahrheit!

Wie im Falle der Statuen offenbart sich möglicherweise das wahre Wesen des Mediennetzwerks am deutlichsten in seiner Ästhetik und Ikonographie. Diese prägen nicht unbedingt alles, was geboten wird (manchmal entstammen die Depeschen dem Leben selbst), doch sind sie vorherrschend und bilden einen Stil aus, der nicht nur für die Darstellung, sondern auch für die Wahrnehmung selbst kennzeichnend ist.

Es handelt sich um einen für Gewinner und Möchtegerngewinner typischen Stil, nicht gerade Eroberer, nicht unbedingt Übermenschen, sondern schlicht Leute, denen es gut geht und die Erfolg haben, weil sie zur Überzeugung gekommen sind, daß Erfolg etwas Natürliches ist. (Der Sport ist ein beispielhaftes Gebiet für diesen Stil, denn er läßt Gewinner zu, die von Zeit zu Zeit verlieren und doch Sieger bleiben können.) Wie jede Ästhetik zieht auch diese eine Anästhesie nach sich – eine betäubte Stelle ohne Empfindung. Die Gewinnerästhetik schließt die Erfahrung von Verlust, Niederlage und Leid aus, mit der Ausnahme vielleicht, daß sich Leute, die unter solchen Übeln leiden, eben als Ausnahmen darstellen lassen, die der Hilfe der Gewinner bedürfen. Die Anästhesie beschützt vor jeder Feststellung oder Evidenz oder jedem Aufschrei, das Leben sei ein Schauplatz ewig vertrösteter Hoffnungen. Und dies trotz der Tatsache, daß eine solche Lebenssicht nach wie vor die Grunderfahrung der Mehrheit der Menschen auf dieser Welt heute ist.

Auch das Mediennetzwerk hat seine Götzenbilder, doch sein Hauptgötze ist sein eigener Stil, der eine Aura des Gewinnens erzeugt und alles übrige im dunkeln läßt. Es kennt weder Mitleid noch Erbarmungslosigkeit.

DER MANN MIT DEM ZERZAUSTEN HAAR

Es ist bald Winter, ich gehe in Paris umher, und der Gedanke an ein Porträt läßt mich nicht los. Es ist das Porträt eines unbekannten Mannes, das irgendwann in den frühen zwanziger Jahren des neunzehnten Jahrhunderts gemalt wurde. Heute ist es der Blickfang auf den Plakaten, die die große Géricault-Ausstellung im Grand Palais anzeigen. Es befindet sich auf dem Einband des umfangreichen Jubiläumskataloges — denn Théodore Géricault wurde genau vor zweihundert Jahren geboren.

Das Gemälde, an das ich denke, wurde zusammen mit vier weiteren ähnlichen Bildern vierzig Jahre nach Géricaults frühem Tod auf einem Dachboden in Deutschland entdeckt. Bald darauf wurde es dem Louvre angeboten, der es schlichtweg ablehnte. In Anbetracht des denunziatorischen und dramatischen Angriffs, den das Gemälde *Das Floß der Medusa* darstellte, welches seit immerhin vierzig Jahren dort gehangen hatte, stellte das angebotene Porträt damals wohl etwas einigermaßen Belangloses dar. Und doch wurde es jetzt dazu ausersehen, das gesamte Œuvre desselben Malers zu repräsentieren. Was hat sich verändert? Warum ist dieses Nebenwerk heute so beredsam geworden, oder genauer gesagt, warum setzt es uns so sehr zu? Hinter allem, was Géricault imaginiert und gemalt hat — von seinen schicksalhaften Pferden bis hin zu den Bettlern, die er in London festhielt —, spürt man dasselbe Gelübde: Möge ich mich dem Elend stellen, möge ich dort Achtung entdecken, und, falls es mir gegeben ist, eine Schönheit finden! Die Hoffnung, dort eine Schönheit zu finden, hieß freilich, den meisten offiziellen Weihen den Rücken zu kehren.

Er hatte vieles gemein mit Pasolini, dem Filmemacher und Dichter:

Ich gebe mir Mühe / alles zu verstehen, unwissend / wie ich über ein anderes Leben bin, / das nicht meines ist, bis es über alle Maßen
ein anderes Leben wird, in der Sehnsucht, / voller Erfahrung: ich bin ganz Mitgefühl, / doch will ich einen anderen Zugang / aus meiner Liebe zu dieser Wirklichkeit, / die ich lieber im Einzelnen sehe, / jede Kreatur verschieden

Das Porträt auf dem Plakat für den Grand Palais trug früher den Titel *Der wahnsinnige Mörder*, später hieß es *Der Kleptomane*. Heute wird es im Katalog als *Monomanie: der Dieb* aufgeführt. Niemand kennt mehr den wirklichen Namen des Mannes.

Er war ein Insasse der Pflegeanstalt La Salpétrière im Zentrum von Paris. Dort malte Géricault zehn Porträts von Menschen, die als geisteskrank klassifiziert waren. Fünf dieser Bilder haben überlebt. Unter ihnen befindet sich ein weiteres unvergeßliches Porträt, und zwar das einer Frau. Im Bestand des Museums von Lyon trug es ursprünglich den Titel *Die Hyäne der Salpétrière*. Heute figuriert die Frau unter *Monomanie: die Neiderin.*

Was Géricault nun eigentlich veranlaßt hat, diese Patienten zu malen, können wir nur erraten. Doch aus der Art und Weise, wie er sie gemalt hat, wird deutlich, daß der klinische Befund das letzte war, worum es ihm ging. Sein Pinselstrich selbst bekundet, daß er sie unter ihrem Namen kannte, daß er namentlich an sie dachte. An den Namen ihrer Seele. Den Namen, der nicht mehr bekannt ist.

Ein oder zwei Jahrzehnte zuvor hatte Goya Szenen eingekerkerter Wahnsinniger gemalt, die an Ketten lagen und nackt waren. Für Goya jedoch kam es auf ihre Handlungen an, nicht auf ihre Innerlichkeit. Ehe Géricault in der Salpétrière seine Modelle malte, hatte vielleicht niemand, weder Maler noch Arzt, weder Bekannter noch Verwandter, je zuvor so lange und so genau in das Gesicht eines Menschen gesehen, der als verrückt kategorisiert und verurteilt war.

1942 hat Simone Weil geschrieben: »Nächstenliebe, so sie aus schöpferischer Zuwendung besteht, hat etwas von Genie.« Als sie das schrieb, hat sie gewiß nicht an Kunst gedacht. »Die Liebe zum Nächsten in all ihrer Fülle bedeutet schlicht, daß wir zu ihm sagen können: ›Wie geschieht dir?‹« Es ist eine Anerkenntnis der Existenz des Leidenden, und zwar nicht nur als Objekt in einer Sammlung oder als Exemplar aus der gesellschaftlichen Kategorie, die das Etikett »unglückselig« trägt, sondern als ein Mensch, der genauso ist wie wir und der eines Tages von den besonderen Malen des Elends gezeichnet wurde. Aus diesem Grund ist es genug, doch ebenso auch unerläßlich, ihn auf bestimmte Weise anblicken zu können.

Für mich ist Géricaults Porträt des Mannes mit dem zerzausten Haar und dem unordentlichen Kragen und den Augen, über die kein Schutzengel wacht, ein Beispiel für jene »schöpferische Zuwendung« und bekundet das »Genie«, von dem bei Simone Weil die Rede ist.

Doch warum setzt uns dieses Gemälde auf den Straßen von Paris in diesem Winter so sehr zu? Das Bild von dem Mann mit dem zerzausten Haar zwickt uns zwischen zwei Fingern. Ich will versuchen, den ersten Finger zu erklären.

Es gibt viele Formen des Wahnsinns, die als Theater ihren Anfang nehmen. (Shakespeare, Pirandello und Artaud wußten davon ein Lied zu singen.) Verrücktheit »probt« ihre Stärke. Jeder, der einem langsam in Wahnsinn verfallenden Freund beigestanden hat, wird sich in dieser Rolle wiedererkennen – er wird gezwungen, Publikum zu sein. Was man als erstes auf der Bühne sieht, ist ein Mensch, er ist allein, und neben ihm steht – wie ein Phantom – die Unangemessenheit aller angebotenen Erklärungen, die den täglichen Schmerz, der da erlitten wird, erklären sollen. Und dann kommt er oder sie dem Phantom näher und sieht sich der schrecklichen Kluft gegenüber, die da existiert zwischen gesprochenen Worten und dem, was sie bedeuten sollen. Tatsächlich: diese Kluft, dieses Vakuum *ist* der Schmerz. Und schließlich, da er wie die Natur einen Horror vor dem Vakuum hat, stellt sich der Wahnsinn ein, er füllt die Kluft, und dann läßt sich nicht mehr unterscheiden zwischen Bühne und Welt, zwischen Schauspiel und Leiden.

Der leere Raum, die Lücke zwischen der Erfahrung, in diesem Moment auf unserem Planeten ein normales Leben zu führen, und den öffentlichen Erzählungen, die zur Sinngebung für dieses Leben angeboten werden, ist ungeheuer groß. Darin liegt die Trostlosigkeit, nicht in den Tatsachen. Deshalb ist ein Drittel der französischen Bevölkerung bereit, auf Le Pen zu hören. Die Geschichte, die er erzählt – so übel sie ist –, scheint dem Geschehen auf den Straßen näher zu sein. Deshalb auch, wenngleich auf andere Weise, träumen Menschen von einer »virtuellen Realität«. Irgendwas – von Demagogie bis hin zu vorfabrizierten onanistischen Träumen – irgendwas muß her, egal was, nur um die Lücke zu schließen! In solchen Lücken verlieren sich Menschen, und in solchen Lücken werden Menschen verrückt.

Auf allen fünf Porträts, die Géricault in La Sapétrière gemalt hat, blicken die Augen der Modelle seitlich am Betrachter vorbei. Und zwar nicht, weil sie auf etwas Fernes oder Eingebildetes gerichtet sind, sondern weil sie es mittlerweile gewohnheitsmäßig vermeiden, das anzuschauen, was in der Nähe ist. Was in der Nähe ist, verursacht ein Schwindelgefühl, weil es im Sinne der gebotenen Erklärungen unerklärlich ist.

Wie oft begegnet man heutzutage einem nicht unähnlichen Blick, der sich weigert, das Nahe ins Auge zu fassen – in der Eisenbahn, auf Parkplätzen, in Warteschlangen, Einkaufszentren …

Es gibt geschichtliche Epochen, in denen Wahnsinn das zu sein scheint, was er ist: ein seltenes und abnormes Elend. Es gibt andere Epochen – wie jene, in die wir gerade eingetreten sind –, in denen Wahnsinn offenbar typisch ist.

All das beschreibt den ersten der beiden Finger, mit denen das Bild des Mannes mit dem zerzausten Haar uns zwickt. Der zweite Finger rührt her vom Mitgefühl des Bildes.

Die Postmoderne wird normalerweise nicht auf Mitgefühl angewandt. Es könnte hilfreich sein und zugleich bescheiden machen, würde man sie einmal darauf anwenden.

Die meisten Aufstände in der Geschichte fanden statt, um eine Gerechtigkeit wiederherzustellen, die lange mißbraucht worden oder in Vergessenheit geraten war. Die Französische Revolution jedoch proklamierte das Weltprinzip einer besseren Zukunft. Von jenem Moment an waren alle politischen Parteien sowohl auf der Rechten wie auf der Linken verpflichtet, ein Versprechen abzugeben, demzufolge das Ausmaß des Leidens in der Welt jetzt und in Zukunft verringert werde. Auf diese Weise wurde alles Elend in bestimmtem Maße zu einer Erinnerung an eine Hoffnung. Jeder Schmerz, dessen Zeuge man wurde oder den man teilte oder erlitt, blieb natürlich Schmerz, doch ließ er sich tendenziell transzendieren, indem man ihn als Ansporn zu größerem Bemühen um eine Zukunft auffaßte, in welcher jener Schmerz nicht existieren würde. Das Elend hatte ein historisches Ventil! Und während dieser beiden tragischen Jahrhunderte konnte gelten, daß sogar die Tragödie ein Versprechen in sich trage.

Heute sind die Versprechungen unfruchtbar geworden. Es wäre kurzsichtig, wollte man diese Unfruchtbarkeit allein mit der sogenannten Niederlage des Kommunismus in Verbindung bringen. Weiterreichend sind die fortdauernden Prozesse, in deren Verlauf die Zukunft als ein Vehikel der Hoffnung durch Waren ersetzt wird. Eine Hoffnung, die sich unweigerlich für ihre Klienten als unfruchtbar erweist und von der dank einer unerbittlichen ökonomischen Logik die Mehrheit auf dieser Erde ausgeschlossen ist. Ein Billett für die diesjährige Rallye Paris–Dakar zu kaufen, um es dem Mann mit dem zerzausten Haar zu geben – das würde *uns* noch wahnsinniger machen, als er es ist.

Und so stehen wir ihm heute ohne eine historische oder moderne Hoffnung gegenüber. Eher sehen wir ihn als Folgeerscheinung an. Und das bedeutet gemäß der natürlichen Ordnung der Dinge, daß wir ihn mit Gleichgültigkeit ansehen. Wir kennen ihn nicht. Er ist verrückt. Er ist seit über hundertfünfzig Jahren tot. In Brasilien sterben jeden Tag tausend Kinder an Unterernährung oder an Krankheiten, die in Europa heilbar sind. Sie sind Tausende von Meilen weit entfernt. Und du kannst nichts tun.

Das Bild zwickt. Ihm wohnt ein Mitgefühl inne, das Gleichgültigkeit widerlegt und jeder allzu billigen Hoffnung unversöhnlich gegenübersteht.

Welchem außerordentlichen Augenblick in der Geschichte menschlicher Darstellung und Aufmerksamkeit dieses Gemälde angehört! Zuvor hätte kein Fremder so genau und mit solchem Mitleid einen Geistesgestörten angeschaut. Ein wenig später, und kein Maler hätte ein solches Porträt gemalt, ohne einen Funken einer modernen oder romantischen Hoffnung anzumahnen. Wie bei Antigone geht das luzide Mitgefühl dieses Porträts mit seiner Machtlosigkeit einher. Und weit davon entfernt, einander zu widersprechen, bekräftigen diese beiden Befindlichkeiten einander auf eine Weise, wie Opfer sie würdigen können, doch wie sie nur das Herz erkennen kann.

Das sollte uns jedoch nicht davon abhalten, Klarheit zu bewahren. Mitgefühl hat keinen Platz in der natürlichen Weltordnung, die auf der Grundlage der

Notwendigkeit funktioniert. Die Gesetze der Notwendigkeit sind so ausnahmslos wie die Gesetze der Schwerkraft. Die menschliche Befähigung zum Mitgefühl widersetzt sich dieser Ordnung, und man denkt sie sich am besten als etwas in irgendeiner Weise Übernatürliches. Von sich selbst abzusehen, wie kurz auch immer, sich mit einem fremden Menschen bis hin zu dem Punkt zu identifizieren, daß man ihn in seiner ganzen Fülle erkennt, bedeutet, der Notwendigkeit zu trotzen, und in diesem Trotzen, selbst wenn es nur klein und ruhig ist und sogar nur 60 mal 50 Zentimeter mißt, liegt eine Kraft, die sich mit den Grenzen der Naturordnung nicht messen läßt. Es ist kein Mittel, und es hat keinen Zweck. Die Alten haben das gewußt. Antigone sagt:

So groß / schien Dein Befehl mir nicht, der sterbliche, / daß er die ungeschriebnen Gottgebote / die wandellosen, könnte übertreffen. / Sie stammen nicht von heute oder gestern, / sie leben immer, keiner weiß, seit wann

Das Plakat blickt auf die Straßen von Paris herab, wie es vielleicht ein Geist täte. Nicht der Geist des Mannes mit dem zerzausten Haar noch der Géricaults. Sondern der Geist einer besonderen Art der Zuwendung, die zwei Jahrhunderte lang an den Rand gedrängt worden ist, doch jetzt mit jedem Tag weniger obsolet wird. Das ist der zweite Finger.

Derart gezwickt, was tun wir? Aufwachen vielleicht.

SCHLECHTE NACHRICHTEN

Die Nachrichten sind fast jeden Tag schlecht, ob nun lokal oder global. Die Menschen haben den Eindruck, daß sie mit dem Eintreffen der schlechten Nachrichten eines jeden Tages ein wenig mehr umstellt sind. Daher denn auch von Zeit zu Zeit die wütenden Ausfälle – wie aus einer belagerten Stadt. Schlechte Nachrichten erzeugen Unwillen. Eine der Formeln für Faschismus ist Rassismus (der immer lauert) plus solch ein Unwille.

Zuweilen betreffen die schlechten Nachrichten die Menschen, die sie hören, direkt: die Opfer erfahren, wie ihr Leid benannt wird. Bei anderen Gelegenheiten geht es um Ereignisse, die in weiter Ferne geschehen, immerhin jedoch Ereignisse, bei denen die Menschen, die die Nachrichten hören, Gefahr laufen, auf irgendeine Weise mitbetroffen zu sein. Der Erdball ist unteilbar geworden, wie die Experten wahrheitsgemäß und voller Widersinn sagen.

In jedem Falle ist es so, daß die Zuschauer, Hörer oder Leser, bei denen die schlechten Nachrichten eintreffen, sich machtlos fühlen angesichts dessen, was ihnen angetan wird oder was in ihrem Namen getan wird. Langfristig ist dieses Gefühl der Machtlosigkeit für sie die schlechteste aller Nachrichten. Von daher rührt der Unwille.

Schlechte Nachrichten betreffen wirkliche Ereignisse. Doch die Menschen erhalten die schlechten

Nachrichten zumeist durch die Medien. Und das Verhältnis zwischen dem Mediennetzwerk und den Ereignissen ist kein einfaches.

In diesem Falle ist der Überbringer der Botschaft nicht unschuldig. Ich denke hier nicht an spezielle Formen von Zensur oder Propaganda, sondern an die globale Beziehung zwischen den Ereignissen und dem System, das dazu da ist, die Nachrichten darüber weiterzugeben.

Das Mediennetzwerk, ehe es denn ein Überbringer von Botschaften ist, ist ein Händler. Alles, was es »einfängt« – seien es Nachrichten oder Unterhaltung, Sport oder Kunst –, wird für die Arbeit des Verkaufens benützt. Ein Fernsehsender, eine Zeitschrift, ein Popkonzert, ein Rennen – sie alle müssen sich im Werben um das Publikum der Konkurrenz stellen: je größer das Publikum, desto besser läßt sich der jeweils eigene Raum im Mediennetzwerk an jene verkaufen, die andere Waren zu verkaufen haben. Konsum und Kommunikation sind heute in einer höllischen Partnerschaft miteinander verschränkt, und es ist diese Partnerschaft, die das ausmacht, was wir als Medien erleben. In erster und wichtigster Linie repräsentieren die Medien einen Wirtschaftsvertrag, der alles, was auf der Welt geschieht, mit dem Akt des Verkaufens in Verbindung bringt.

Doch in einer Welt, in der die Mehrheit unter Bedingungen des Mangels lebt oder stirbt, ist es nur allzu wahrscheinlich, daß ein sich immer weiter steigernder Konsum auf seiten der relativ Privilegierten immer mehr schlechte Nachrichten hervorbringt und bestätigt.

Angesichts dessen müht sich das Mediennetzwerk, sein Publikum mit Versprechungen auf immer mehr illusorische Gelüste nach heldenhafter Gewalt, goldenen Erwerbungen und neuen Geldausgaben zu trösten und zu verführen. Aufschlußreiches Beispiel für eine solche »Verlockung« ist das vom Fernsehen geschaffene Ereignis des Roulettespiels, bei dem man ausgestellte Waren gewinnen kann. Hier sind erwachsene Kandidaten aufgrund eben des Zeremoniells der Spielshow dazu gezwungen, sich wie verwöhnte Kinder in einem Spielzeugladen zu benehmen. Die ersten Opfer in einer Welt des Mangels sind häufig Kinder. Das Mediennetzwerk profitiert davon, wenn es Erwachsene zu unmündigen Abhängigen degradiert.

Wie so oft handelt es sich um einen Teufelskreis. Läßt er sich durchbrechen? Die schlechten Nachrichten werden sich nicht in gute verwandeln. Der Markt ist frei. Das Publikum empfindet sich als machtlos. Ist es überhaupt vorstellbar, daß der Kreis durchbrochen wird? Vielleicht muß man erst einmal träumen.

Vor nicht langer Zeit träumte mir des Nachts, daß ich vor einem riesigen Bild stand, das in einer Kunstgalerie hing. Unmöglich, es zu beschreiben. Gemälde widersetzen sich Worten, und geträumte Gemälde erst recht. Gleichwohl blieb mir der Titel im Kopf, als ich erwachte. Waiting Now For Being About You auf Englisch. Jetzt Darauf Wartend, Dich Zu Erfahren auf Deutsch. En Attendant de Rester en Quelquechose Qui Révele de Toi auf Französisch.

Dieser seltsame, einigermaßen orakelhafte Titel ließ mich an den Chor in griechischen Tragödien denken.

Der Chor wartete, wie der Titel des geträumten Gemäldes andeutet, in der Orchestra, wartete darauf, an dem Erlebnis der Handelnden teilzunehmen, dem Erleben zu folgen. Am Ende von König Ödipus kommentiert der Chor, der so vielem gefolgt ist:

»Niemand nenne sich glücklich bis zu dem Tage, da er Sein Glück in Frieden mit sich ins Grab hinabnimmt.«

Selbst für Philologen ist der historische Moment der griechischen Tragödie rätselhaft. Er kam woher? Und hörte warum eigentlich auf? Er hinterließ die großen, zeitlosen, angstbewegten Theaterstücke, die wir kennen, gewalttätig, besessen von Gerechtigkeit, nach Mitleid heischend.

»Ach, das Mitleid, das Mitleid / S' ist mehr, als wir ertragen können ...« singt der Chor in Sophokles' Ajas.

Dieser historische Moment brachte Größeres als nur eine Theaterform hervor. Zum ersten Mal in aufgezeichneter Geschichte wurde formell eine Fähigkeit zum Mitgefühl als menschliche Anlage anerkannt. Oftmals war es der Chor, der dieses Mitgefühl bezeigte – der Chor, dessen Rolle im Theater historisch mit der Erfindung der Athenischen Demokratie zusammenfiel. Hier zum Beispiel spricht ein Chor über den Krieg auf neue Weise:

»Denn der Krieg ist ein Bankier, Fleisch sein Gold.
Dort beim Schmelzofen des Schlachtfelds von Troja,
Wo Vorstoß auf Vorstoß folgt, sitzt er und hält
Seine Waage und sieht die Speerspitzen wogen;
Und heim in wartende Häuser sendet er
Schlacke vom Erzgestein, ein wenig Staub,
Um Freundesherzen heiße Tränen abzuringen;
Gerüttelt Maß, sicher versiegelt und verwahrt

In geziemendem Krug – der gerechte
Preis für den Mann, den sie sandten.
Sie loben ihn unter Tränen und sagen:
›Er war ein Soldat!‹, oder: ›Er starb
Edlen Muts, den Tod ihm zu seiten!‹
Und wilder Groll murrt leise:
›Ja – für das Weib eines andren!‹ Und so
Gebiert Trauer Bitternis, von Furcht verhohlen –
Laßt ab von Königen und ihren Rachefeldzügen!«

Aischylos – Agamemnon

Große Kunstwerke sind Marksteine, und nicht nur in der Geschichte der Kunst, sondern auch in der Geschichte menschlicher Bestrebungen, die, haben sie erst einmal ihren Ausdruck gefunden, prophetisch bleiben. Es gibt Textstellen in den Eumeniden, die den Heiligen Johannes den Täufer um vier Jahrhunderte vorwegnehmen. Trotz allem, was seither geschehen ist, überdauert die Vorstellung des Mitgefühls, und sie findet sich nicht nur in den antiken Texten, sondern auch in den spontanen Reaktionen lebender Menschen, sofern sie nicht unterdrückt werden.

Mitgefühl muß nicht unbedingt mit Großbuchstaben geschrieben werden. Ein Werktagsnachmittag, kurz vor Weihnachten, in einem Pariser Vorort auf dem Weg zum Supermarkt.

Auf dem Bürgersteig halten zwei Männer mit weißen Schürzen eine Wildziege in den Armen. Einer von ihnen bohrt einen Fleischerhaken durch die Hinterbeine. Die Kehle des Tieres ist aufgeschlitzt, und das Brustfell ist blutbefleckt. Die Männer werden den Kadaver neben dem Schaufenster einer Metzgerei aufhängen. Das

Mitgefühl der Passanten hier bestünde einfach nur darin, das Blutopfer zu bemerken, wie ein Jäger es täte.

In einer Schlange an der Kasse im Supermarkt steht eine alte Frau. Ihre Kleinheit ist wie die eines Handschuhs, in dem keine Hand steckt. Der Wagen, den sie vor sich herschiebt, enthält eine Flasche Magermilch, eine Schachtel mit Käsedreiecken in Silberpapier (La Vache qui rit) und auf einer abgepackten Polyesterplatte ein ganz kleines Beefsteak. Nur ihre Hände mit den von lebenslanger Arbeit geschwollenen Knöcheln erscheinen groß. An der rechten trägt sie einen Ehering. Der Inhalt ihres Wagens erzählt, daß sie Witwe ist. »Ich weiß, wie schwer es war. Doch wurde es erleichtert durch ein Wort – Liebe. Ich habe dich geliebt, wie nie zuvor jemand dich geliebt hat. Jetzt mußt du ohne mich weiterleben.« (Ödipus in einem vorstädtischen Supermarkt.) Mitgefühl heißt auch, Verluste zu erkennen, die in erster Linie nicht die eigenen sind.

Wenn der Chor in griechischen Tragödien sich angesichts von Ereignissen als machtlos empfand, war das für ihn keine Quelle des Unwillens. Er suchte keine Lösungen, sondern Ausdruck für das, was geschehen war. Seine Machtlosigkeit wurde gemildert von dem Bewußtsein, als Zeuge angesprochen zu sein, der fragen, kommentieren und hoffen konnte, je nach eigener Erfahrung, und der, wenn ihm danach zumute war, das Tragische als tragisch deklarieren konnte.

Es genügt, dieses hervorzuheben, um den Gegensatz zu sehen zu dem, wie heute das Mediennetzwerk schlechte Nachrichten liefert und diejenigen anspricht, die sie empfangen. Die schlechte Nachricht wird als eine vertraute, unglückliche, bedauerliche Unterbrechung dessen präsentiert, was ansonsten normales, weitergehendes Leben ist. Ein Eindringen. Wie ein böses Rundschreiben, das in den Briefkasten geworfen wird. Im griechischen Theater fühlte sich jeder von der Tragödie betroffen.

Verwechsle ich hier nicht Theaterstücke mit wirklichen Ereignissen, so fragen Sie, Sophokles oder Aischylos mit dem Chaos der tatsächlichen Trojanischen Kriege? Nein, denn ich spreche von der Fähigkeit zu Mitgefühl, die potentiell in jedem Publikum existiert, das konfrontiert ist mit Leid und mit dem Weltzustand, wie er ist.

Im Namen der Öffentlichkeit von Politikern geäußerte Einschätzungen sind oftmals falsch, doch kann die Öffentlichkeit sie manchmal durch Wahlen oder Demonstrationen korrigieren. Die vom Mediennetzwerk im Namen der Öffentlichkeit geäußerten Einschätzungen sind sowohl blind wie blindmachend, und die einzige Gelegenheit, sie zu korrigieren, besteht in der Antwort »ja« oder »nein« auf die geistlosen Fragen von Meinungserhebungen. Als ob eine Tabelle je Mitleid ausdrücken könnte oder einen Prozentsatz von Furcht!

Vielleicht wird gerade an dieser Stelle unsere Form der Demokratie langsam zu Tode gebracht. Falls das so ist, dann wird sie von einer Weigerung umgebracht. Der Weigerung des Mediennetzwerks, die Tatsache einzugestehen oder anzusprechen, daß die Öffentlichkeit im Herzen weiß, wie es um die Welt bestellt ist. Sie weiß vieles von dem, was Sophokles wußte. Sie weiß zum Beispiel dies:

»Ruhloser Ehrgeiz hilft manchem zum Guten,
Und manchen verführt er zu leichtfert'ger Gier,
Bis Scheitern ihn unverhofft trifft, und er fällt
Ins Feuer, das ihn verzehrt. Treffend ward gesagt,
Das Böse scheint gut
Ihm, der zum Leiden verdammt,
Und kurz ist die Zeit, ehe das Leiden sich einstellt.

Antigone

Der Grund für die Weigerung, die unsere Form der Demokratie bedroht, der Grund dafür, daß das Mediennetzwerk systematisch unterschätzt, worüber wir alle gemeinsam verfügen, ist immer derselbe – der sträfliche Zwang zum Verkaufen.

Ich habe nicht vergessen, daß Athen im fünften Jahrhundert vor Christus eine Bevölkerung von weniger als einhunderttausend Einwohnern hatte. Ich schlage nicht vor, Nachrichtensendungen um tanzende Chöre zu bereichern. Ich plädiere nicht dafür, daß der Norden das Recht haben solle, angesichts der Misere des Südens die Hände zu ringen. Mir geht es darum, daß die Menschen sich bewußt werden, wie schäbig sie als Publikum vom Mediennetzwerk behandelt werden. Schäbig, denn es ist die Würde des Betrachters, die ausgelöscht wird.

Man stelle die Würde einigermaßen wieder her – man lasse sich Zeit, man verschiebe das gewohnte Zentrum – und die schlechte Nachricht wird keine Unterbrechung mehr sein, sondern kann Wahrheit werden.

Angesichts vieler Wahrheiten gibt es keine unmittelbaren Lösungen. Das Wort Lösung kann nicht berühren, was tragisch ist. Wir sind es, die das Tragische berühren und uns vom Tragischen berühren lassen müssen. Es zu benennen, könnte uns verändern. Benannt, bliebe es zwar tragisch, wäre aber keine schlechte Nachricht mehr. Erst dann könnte realistische Politik beginnen.

Inhalt